UN DÎNER BIEN TRANQUILLE

Martine HUET

Editions ART ET COMEDIE
3 rue de Marivaux
75002 PARIS

Tous droits de reproduction, d'adaptation
et de traduction réservés pour tous pays
ISBN : 2-84422-473-3
© Editions théâtrales **ART ET COMEDIE** 2005

A la mémoire de mon oncle Louis

PERSONNAGES

Louis et **Gisèle**, un couple de clochards, la soixantaine.

Rosine, une prostituée, la trentaine.

Geneviève et **Joseph Delatour**, la quarantaine.

Léa Delatour, la vingtaine.

Mme Bareuil, la cinquantaine.

Clovis Bareuil, la vingtaine.

DÉCOR

Une salle à manger. Côté jardin une porte donnant sur un couloir. Côté cour, une porte de cuisine. Au fond, un vestibule donnant sur la porte d'entrée.

Le mobilier se compose comme suit : coté jardin, deux fauteuils. Coté cour, une table recouverte d'une nappe et deux chaises. Un vaisselier. Un petit guéridon dans un coin. Un portemanteau et un miroir complètent le décor.

ACTE 1

Scène 1
Au mois de février, un après-midi

Léa, Geneviève

Le rideau s'ouvre sur une salle à manger. Une jeune fille est assise dans un des fauteuils. Elle téléphone d'un portable.

Léa *(tout miel)* - Vous pouvez être sûr que je fais le maximum. A ce soir Clovis.

Au moment où elle raccroche, la porte de la cuisine s'ouvre. Geneviève entre.

Geneviève - Ah ! tu es là ma chérie !… Je crois que j'ai trouvé ! *(Sur un ton théâtral.)* Ce soir… noisettes d'agneau à la crème de thym ! Qu'en penses-tu ?

Léa *(de mauvaise humeur)* - Depuis quand sais-tu cuisiner ?

Geneviève - Ce n'est pas moi qui vais préparer le repas.

Léa - Je te rappelle que la domestique, tu l'as mise à la porte !

Geneviève - Licenciée ! Nous l'avons licenciée !

Léa *(narquoise)* - Je suis sûre qu'elle apprécie la différence !

Geneviève *(soupirant)* - Ne recommence pas, Léa ! Tu sais très bien que nous n'avons pas eu le choix. Ton père a fait dernièrement de très mauvais placements. Il faut que nous réduisions notre train de vie pendant un moment…

Léa *(en colère)* - Eh bien, ce moment est très mal choisi ! Je veux épouser Clovis ! Et, par je ne sais quel miracle, il a réussi à convaincre sa mère, qui n'est pas des plus faciles, à venir dîner.

Geneviève - Charmant personnage !

Léa - Elle est P.-D.G. des usines Bareuil.

Geneviève - Connais pas !

Léa - Mais si ! Les plastiques Bareuil !

Geneviève - Non ! Toujours pas !

Léa - Tu le fais exprès, ma parole ! Les boîtes, les sacs en tout genre, les pochettes des supermarchés… Tout cela sort des usines Bareuil !

Geneviève *(complètement indifférente)* - Impressionnant.

Léa - N'est-ce pas ! Tu peux donc comprendre qu'elle soit très occupée. C'est une chance pour nous qu'elle veuille bien venir.

Geneviève *(ironique)* - Oh ! trop aimable à elle de daigner nous rencontrer ! Mme Bareuil est peut-être quelqu'un de très occupé mais, si tu dois épouser son fils, il faudra bien qu'elle se libère au moins une journée afin d'assister à son mariage.

Léa *(très gênée)* - En fait, Clovis ne m'a pas encore demandé de…

Geneviève *(stupéfaite)* - Quoi ?! Depuis un mois, tu nous rebats les oreilles avec ce Clovis… qui, soit dit en passant, est un prénom ridicule !

Léa - Maman !…

Geneviève - Je n'ai pas fini ! Donc, ce Clovis ne t'a pas demandée en mariage, mais toi tu prépares déjà les cartons d'invitation. C'est ça ?

Léa - Ce n'est pas si simple, maman ! Pour que Clovis fasse sa demande, il faut qu'il soit sûr que je vais plaire à sa mère !

Geneviève - De mieux en mieux ! Ça ne lui suffit pas de s'appeler Clovis, il faut en plus que ce soit un fils à sa maman !

Léa - Arrête !

Geneviève *(en colère)* - Non ! Je n'arrêterai pas !… Je suis inquiète pour toi. Ce garçon ne me semble pas très amoureux et, qui plus est, il me paraît être plutôt faible !

Léa - Ce n'est pas un faible ! C'est un garçon sensible, il ne veut pas faire de peine à sa mère. C'est une qualité !

Geneviève - Si tu veux. Mais je continue de penser que tout cela n'est pas très romantique !

Léa - Romantique, romantique ! Tu n'as que ce mot à la bouche ! Un mariage basé sur autre chose que l'amour est un mariage tout aussi solide.

Geneviève - Qu'est-ce que tu essaies de me faire comprendre ?… Tu veux épouser un homme dont tu n'es pas amoureuse ? Rassure-moi, Léa… Ce n'est pas les usines Bareuil que tu veux épouser ?

Léa - Et alors ! Qu'y aurait-il de mal à cela ?

Geneviève - Léa ! Ma chérie, je t'en prie, ne fais pas quelque chose que tu puisses regretter.

Léa - Ne t'inquiète pas, maman. J'ai bien réfléchi. C'est ça que je veux : épouser Clovis et être libre !

Geneviève - Etre libre ? Mais tu n'as pas besoin de te marier pour être libre ! Et puis qu'est-ce que ça veut dire ? Que nous t'empêchons de vivre comme tu l'entends ? N'avons-nous pas, ton père et moi, veillé à ce que tu ne manques de rien ? Nous avons toujours essayé de te faire plaisir ! Tes moindres désirs, tes moindres…

Léa *(l'interrompant)* - C'est vrai ! Et là c'est Clovis que je veux !

Geneviève *(inquiète)* - Tu dis ça comme si…

Léa interrompt sa mère en la prenant dans ses bras.

Léa *(rassurante et câline)* - Vous voulez mon bonheur, papa et toi ? *(Geneviève hoche la tête, un peu réticente.)* Eh bien, mon bonheur est auprès de Clovis. C'est aussi simple que ça.

Geneviève *(se dégageant doucement des bras de sa fille)* - Si vraiment tu penses…

Léa - J'en suis sûre ! *(Comprenant qu'elle a eu gain de cause, elle reprend d'une voix plus énergique.)* Bien ! Je suis heureuse que tu approuves ce mariage !

Geneviève *(hésitante)* - Tu… tu es majeure, ma chérie, et…

Léa - Savoir que tu es d'accord me rassure !

Geneviève - Ah ! alors je… je suppose que je le suis.

Léa - J'en suis très heureuse !… Bon, alors, que me disais-tu au sujet du repas de ce soir ?

Geneviève *(pas encore remise)* - Euh… je… je disais : que penses-tu des noisettes d'agneau à la crème de thym ?

Léa - Cela me semble parfait ! Mais qui fera le dîner si ce n'est pas toi ?

Geneviève - Monsieur Surgelé !

Léa - Du sur…

Avant que sa fille ne puisse émettre une opposition, Geneviève se dirige vers la porte d'entrée.

Geneviève - Bon, il faut que je parte. A tout à l'heure ! *(Elle sort.)*

Léa *(réagissant un peu tard, elle se précipite vers sa mère, déjà partie)* - Maman ! Il faut que nous… *(Elle finit sa phrase sur un ton découragé.)*… en parlions toutes les deux. *(Elle s'effondre sur le canapé en bougonnant.)* Du surgelé ! Et pourquoi pas des conserves ? *(Après un soupir, elle se lève et prend son portable posé sur le guéridon.)* Allô !… Papa ? C'est moi… Alors, où en es-tu ? As-tu trouvé une solution ?… *(Soupir exaspéré.)* Je te parle de ce soir, le repas avec les Bareuil !… C'est vrai ?… Merveilleux ! Explique-moi !… Comment ?!… « Attends de voir ! »… Papa ! Tu sais que je n'aime pas les surprises !… Papa ?… Allô ! Papa !… Ah ! ce portable !… *(Elle raccroche.)* Il va encore me dire que la liaison ne passait plus !

Elle pose son portable sur le guéridon et va pour s'asseoir lorsque la porte d'entrée s'ouvre. Joseph entre.

Scène 2

Léa, Joseph

Léa - Papa ! Mais…

Joseph - Je n'ai pas eu le temps de te dire que j'arrivais. La liaison ne passait plus.

Léa *(impatiente)* - D'accord ! D'accord ! Bon, alors, pour le dîner ?

Joseph - Je te préviens tout de suite : nous allons avoir du pain sur la planche ! Mais tu voulais la grande classe pour ce dîner. Eh bien, tu vas être servie, c'est le moins que l'on puisse dire ! Je t'ai trouvé un majordome et une gouvernante !

Léa - Tu plaisantes ? Maman m'a parlé de vos problèmes financiers et, si elle a renvoyé la bonne, ce n'est pas pour prendre un majordome et une gouvernante !

Joseph - Mais si ! Et c'est là que je suis génial : ils ne vont rien nous coûter !

Léa - Rien nous coûter ?

Joseph - Puisque je te le dis ! Enfin, juste le prix d'un repas et aussi une bonne… euh… attends ! Ils sont dans l'entrée. Surtout tu ne t'énerves pas et tu me fais confiance ! *(Il ouvre la porte.)* Allez ! Venez, que je vous présente ma fille !

Un couple de clochards entre, serrés l'un contre l'autre.

Scène 3

JOSEPH, LÉA, GISÈLE, LOUIS

LÉA - Mon dieu ! *(Articulant lentement.)* Mais qu'est-ce que c'est que ça ? *(Elle prend un mouchoir qu'elle presse sous son nez.)*

JOSEPH - Ma fille, Léa Delatour ! *(Se tournant vers Léa.)* Léa, je te présente Gisèle et Louis.

GISÈLE *(après avoir donné un coup de coude dans les côtes de Louis pour qu'il enlève sa casquette)* - Gigi et Loulou pour les intimes ! *(Elle essuie sa main sur son manteau avant de la tendre à Léa.)*

LÉA *(lui touche le bout des doigts, qu'elle essuie aussitôt avec son mouchoir)* - Bon… bonjour ! *(Puis se tournant brusquement vers Joseph.)* PAPA ! *(Lui prenant le bras, elle le tire vers le devant de la scène.)* « La grande classe », hein !… Tu peux m'expliquer ?

JOSEPH - Je les ai trouvés devant l'Armée du Salut. Je leur ai promis un repas et…

LÉA - … Et une bonne douche ?

JOSEPH - Et une bonne douche, en effet !

LÉA - Tu perds la tête, mon pauvre papa !

JOSEPH - Je t'ai demandé de me faire confiance ! Tu ne veux pas que les Bareuil pensent que nous avons des difficultés financières, non ? Alors tu expliques à ces deux-là ce que tu attends d'eux et le tour est joué ! *(Se tournant vers le couple et leur montrant le canapé.)* Asseyez-vous, je vous en…

LÉA *(se précipitant)* - NON ! Pas les fauteuils !... Enfin, je veux dire... *(Prenant la nappe sur la table, elle couvre un des fauteuils avec.)* Ils ne sont pas très propres, vous comprenez !

GISÈLE - Oh ! faut pas faire autant de chichis avec nous, ma p'tite demoiselle. On n'est pas des plus rutilants non plus. *(Elle s'écroule sur le fauteuil non recouvert. Elle hurle.)* Pas vrai, Loulou !

LOUIS - De quoi que tu causes la Gigi ?

GISÈLE *(moins fort)* - Ah ! c'que tu peux être fatigant d'être sourd !

LOUIS - Ah non ! T'es une menteuse ! *(Se tournant vers Léa.)* Ça j'vous jure que j'ai rien bu depuis c'matin !

GISÈLE *(exaspérée)* - J'ai pas dit que t'étais soûl, j'ai dit que t'étais sourd !

LOUIS *(outré)* - J'te dis qu'non !

GISÈLE *(se tournant vers Léa avec un soupir)* - Ça l'a pris d'un coup ! Y a deux jours, y s'est réveillé, il était sourd ! R'marquez, depuis y dort mieux !

LÉA *(à son père)* - Tu es toujours convaincu que c'est une bonne idée ?

JOSEPH *(hésitant)* - Je... je ne sais plus très bien...

GISÈLE *(se relevant précipitamment)* - C'est que... Vous voulez plus d'nous ?! Vous nous aviez dit qu'on aurait une bonne bouffetance et qu'on pourrait se laver et qu'on aurait un lit pour la nuit qui vient et...

JOSEPH - Ecoutez ! En ce qui concerne le repas et la douche, pas de problème, je vous l'ai promis. Mais pour le reste...

Louis - Qu'est-ce qu'y dit ?

Gisèle *(criant)* - Y dit qu'y veut plus d'nous pour le boulot ! Et qu'on aura pas de lit pour la nuit !

Louis *(se levant)* - Si vous croyez que c'est parce que j'ai bu, c'est faux ! La preuve ! *(Il souffle son haleine sur le visage de Joseph qui s'empresse de prendre un mouchoir en faisant la grimace.)* Alors ! Hein ? *(Puis se tournant vers Léa, il esquisse le même geste.)*

Léa *(reculant en hâte)* - Non ! Je… je vous crois sur parole !

Louis *(se tournant vers Gisèle)* - Qu'est-ce qu'elle dit ?

Gisèle *(criant)* - Elle te croit ! *(S'adressant à Léa.)* Faut lui parler fort, sinon il entend rien !

Louis - Eh ben, puisque c'est O.K. pour vous, pour nous aussi ! Y s'ra pas dit que Gigi et Loulou tiennent pas leur promesse ! Vous nous avez embauchés pour un p'tit boulot… eh ben, on va l'faire !

Gisèle *(toujours en criant)* - Ouais ! Mais alors, va falloir que tu fasses attention à c'que la p'tite dame va nous dire !

Louis - Ah ! ben, y a pas d'problème ! *(Et avec de grands gestes, il enlève un morceau de papier qu'il avait dans chaque oreille.)* Voilà ! J'suis tout ouïe !

Gisèle *(stupéfaite)* - Qu'est-ce que c'est qu'ça ?!

Louis - Du P.Q. !

Gisèle *(soupçonneuse)* - T'as ça dans les oreilles depuis quand ?

Louis - Depuis deux jours ! Et j'peux te dire que c'est drôlement efficace ! Depuis, j'dors comme un loir !

Gisèle *(outrée)* - Et tu m'as laissée hurler tout c'temps alors que tu pouvais enlever ces saletés d'tes oreilles ?!

Louis *(imperturbable)* - Je fais des économies, MOI, madame ! Je jette pas le P.Q. par la fenêtre, MOI, madame !

Gisèle *(menaçante)* - Attends voir un peu !

Léa *(intervenant)* - Je vous en prie ! Arrêtez !

Gisèle - Oh ! pardon ! *(Se tournant vers Louis en criant.)* C'est vrai ça ! Ça s'fait pas de s'disputer d'vant du monde !

Louis - T'as raison ! Mais t'as pas besoin de hurler pour m'le dire !

Gisèle - Ah ouais ? Eh ben, t'avais qu'à pas…

Joseph *(l'interrompant)* - Ecoutez ! Cela ne sert à rien de vous disputer. Si vous êtes toujours partants, nous allons procéder dans l'ordre.

Gisèle et Louis *(se regardant)* - Ben ouais ! On est partants !

Joseph - Très bien ! Alors, pour commencer, venez ! La salle de bains est au fond du couloir à gauche !

Gisèle et Louis sortent.

Léa *(d'une voix lasse)* - Je ne sais pas pourquoi, mais entre les surgelés de maman et les clodos de papa, je me sens un peu seule, tout à coup !

Elle s'effondre sur le canapé où étaient Gisèle et Louis. Elle renifle autour d'elle, se relève brusquement et va chercher la nappe restée sur l'autre fauteuil pour recouvrir le premier.

Scène 4

JOSEPH, LÉA

Joseph revient.

JOSEPH - Voilà ! Je leur ai donné tout ce qu'il fallait pour une bonne toilette !

LÉA *(ironique)* - Ah bon ! Tu leur as donné de la lessive St-Marc ?

JOSEPH - Ne sois pas sotte !

LÉA - Je ne pense pas l'être… par contre, toi, tu as certainement perdu l'esprit !

JOSEPH - Chérie, ne t'inquiète pas, tu verras ! J'ai tout prévu ! Gisèle préparera le dîner…

LÉA - Stop ! Je t'arrête tout de suite ! C'est maman qui s'en occupe !

JOSEPH - Ta mère ? Mais elle ne sait même pas faire bouillir de l'eau !

LÉA - Peut-être ! Mais là, tu vois, je préfère son idée à la tienne !

JOSEPH - Ah ! c'est le bouquet !… J'en fais quoi, moi, maintenant, de mes deux oiseaux ?

LÉA *(indifférente)* - Tu peux toujours garder la vieille, elle fera le service !

JOSEPH - Gisèle ! Elle s'appelle Gisèle ! *(Voyant sa fille prête à sortir.)* Où vas-tu ?

Léa - D'avoir parlé de bouquet, je me suis souvenue qu'il fallait que je passe chez le fleuriste !... Ne fais pas cette tête. C'est toi qui les as amenés là, c'est toi qui nous en débarrasses ! Et si tu les gardes, tu t'arranges pour que tout soit PARFAIT ! *(Elle sort.)*

Scène 5

Joseph, Gisèle, Louis

Joseph - Que tout soit parfait ! Avec un peu de bonne volonté, ça ne devrait pas être trop dur.

Retour de Gisèle. Elle est en peignoir, une charlotte de douche sur la tête et une robe noire à la main.

Gisèle - Dites voir, c'est quoi au juste vot' soirée ? Une veillée funèbre ? Non, parce que là, vous voyez, le noir c'est pas mon truc et...

Joseph *(l'interrompant)* - J'en suis désolé, mais cette robe est la tenue que nous aimons voir, ma femme et moi, portée par nos domestiques.

Gisèle - Ah ! ben, pas étonnant qu'elles se cassent, les boniches ! Pouvez pas les habiller plus gai ? En tout cas, moi j'mets pas ça ! Va falloir me trouver aut' chose !

Joseph *(capitulant)* - D'accord, je vais voir ce que je peux faire.

Louis entre à ce moment. Il est en peignoir, un pantalon noir et une chemise à rayures noires et blanches sur le bras.

Louis - Ah! vous êtes là! Ça tombe bien, j'ai trouvé ça… *(Il montre les vêtements.)*… sur le lit. Me dites pas que c'est ça que vous voulez que j'mette? Le pantalon, passe encore, mais les chemises à rayures, ça me fait penser aux anciens taulards! Alors, franchement, moi, les rayures…

Joseph *(découragé)* - … C'est pas votre truc! O.K.! Ça va, j'ai compris. Suivez-moi.

Louis - Ah! ben, ça c'est sympa! Hein, Gigi?

Gisèle - Tu l'as dit!

Ils sortent côté couloir. Quelques instants plus tard, la porte d'entrée s'ouvre. Geneviève entre seule. Elle pose son sac à main et se dirige vers le portemanteau.

Scène 6

Geneviève, Rosine

Geneviève *(tout en enlevant sa veste)* - Entrez! Je vais vous donner des granules d'arnica et vous mettre une poche de glace dessus. Vous verrez, c'est très efficace! *(S'apercevant que la personne n'est pas entrée, elle retourne dans le vestibule. On l'entend, off.)* Allez, n'ayez pas peur! Entrez!

Rosine entre. C'est une rousse d'un rouge agressif. Elle a un hématome sur l'œil gauche.

Rosine *(fermement)* - Je n'ai pas peur ! Je suis simplement surprise qu'une personne comme vous vienne en aide à une fille comme moi !

Geneviève - Ne dites pas de bêtises ! Donnez-moi votre manteau. *(Rosine lui donne son manteau. Elle porte une mini robe en lamé rouge et des bottes très hautes.)* Asseyez-vous. *(Voyant la nappe sur le fauteuil, elle la retire.)* Que fait ma nappe sur ce fauteuil ? *(Il replace la nappe sur la table.)* Excusez-moi ! Je vais vous chercher de la glace. *(Elle sort côté cuisine.)*

Rosine regarde autour d'elle et aperçoit un miroir.

Rosine *(tout en s'examinant le visage devant le miroir)* - Eh ben, mon vieux ! Ce tordu aurait pu m'esquinter encore plus si cette femme n'était pas intervenue ! *(Elle voit le sac de Geneviève, le soupèse et s'exclame.)* Nom d'un chien ! Qu'est-ce qu'il est lourd ! Ça ne m'étonne plus qu'elle l'ait sonné avec ça !

Tenant fermement le sac, elle mime Geneviève en le balançant vers une personne invisible. Geneviève revient, un sac de glace à la main. Elle voit mimer Rosine.

Geneviève *(souriant)* - Efficace, non ?

Rosine - Mais qu'est-ce que vous trimbalez là d'dans ?

Geneviève - Un dictionnaire… Asseyez-vous !

Rosine *(tout en s'exécutant)* - Un dictionnaire ?… Ah ! c'est ça le poids des mots ! Quand ça vous tombe dessus, ça fait mal !… En tout cas, merci d'être intervenue. Y en a pas beaucoup qu'auraient fait ce que vous avez fait !

Geneviève *(faisant un geste de la main pour balayer les propos de Rosine)* - N'y pensez plus. Prenez plutôt ça ! *(Elle lui tend un tube.)* Six d'un coup, ça ne peut pas vous faire de mal !… *(Elle* *attend que Rosine avale les granules.)* Voilà ! Et posez ces glaçons sur votre œil ! Vous verrez, demain vous n'aurez pratiquement plus rien !

ROSINE *(s'asseyant et posant la pochette de glace sur son œil)* - Merci !

GENEVIÈVE - Vous êtes sûre de ne pas vouloir porter plainte ?

ROSINE *(tout en s'exécutant)* - Tout à fait sûre ! Par contre, je tiens absolument à vous remercier !

GENEVIÈVE - Vraiment, ce n'est pas la peine !

ROSINE - Si, si ! J'ai maintenant une dette envers vous ! Je tiens à la régler !

GENEVIÈVE - Non, non ! Vraiment…

ROSINE *(la tutoyant)* - Attention ! Tu vas me vexer !

GENEVIÈVE - C'est que…

ROSINE - Y a bien quelque chose que je pourrais faire ! Cherchez bien !

GENEVIÈVE *(après un silence)* - Ma foi… Peut-être en y réfléchissant… *(Se ressaisissant.)* Non, non ! C'est idiot…

ROSINE - Faut voir ! Allez-y ! Qu'est-ce que je peux faire ?

GENEVIÈVE *(hésitante)* - Eh bien, j'ai pensé… Mais seulement parce que vous insistez… J'ai…

ROSINE *(commençant à perdre patience)* - Bon, ben, vas-y ! Accouche !

GENEVIÈVE *(se jetant à l'eau)* - Pourriez-vous me préparer un repas pour cinq personnes ce soir et en assurer le service ?

(La réponse tardant à venir, elle reprend très vite.) Je le savais ! C'est une très mauvaise idée ! N'en parlons plus !

Rosine - Vous avez fini ? J'peux en placer une ?

Geneviève *(d'une petite voix)* **-** Euh… oui !

Rosine *(d'un ton énergique)* **-** D'accord !

Geneviève *(stupéfaite)* **-** D'accord ?

Rosine - J'sais pas comment vous avez deviné, mais une chose est sûre : vous pouviez pas mieux tomber ! Figurez-vous que la cuisine, c'est mon truc. Pendant un moment, j'voulais même ouvrir un petit resto. Mais pour ça, faut du pognon. Alors je m'suis mise à tapiner.

Geneviève - Si chaque fois qu'on a besoin d'argent, on devait se mettre à… *(Elle se racle la gorge, gênée.)* Vous pouviez faire un emprunt à la banque !

Rosine *(ironique)* **-** Ah ouais ? J'y avais pas pensé, dis donc !… Non mais qu'est-ce que vous êtes naïve ! Vous croyez qu'on prête à ceux qu'ont pas une thune ? De toute façon, je ne regrette rien, je suis à mon compte et je gagne très bien ma vie, merci ! Je décroche dès que mon bas de laine est plein… Et ça ne saurait tarder, croyez-moi !

Geneviève *(gênée)* **-** Ah !… Bien, bien ! Euh… hum… Alors vous voulez bien ?

Rosine - Mais bien sûr que je veux ! *(Tendant la main vers Geneviève.)* Allez ! Tope là ! *(Geneviève lui serre la main.)* Bon ! Maintenant, si vous voulez bien me dire ce que vous avez prévu, je verrai ce que je peux faire.

Geneviève - J'ai pensé à des noisettes d'agneau à la crème de thym.

Rosine - Avec des petits fagots d'asperges et de haricots verts !

Geneviève - Très bonne idée !

Rosine - Ah oui… mais non ! La crème de thym va casser l'ambiance !

Geneviève - Casser l'ambiance ?

Rosine - Casser le parfum des asperges, le goût délicat des haricots verts. Ce sera gigot d'agneau en croûte de sel avec un beurre fondu légèrement aillé et persillé… Et en entrée ?

Geneviève - C'est que… je n'ai pas encore bien réfléchi.

Rosine - Je vois ! Alors, ce sera aumônière de poisson !

Geneviève - Ma foi… si vous pensez…

Rosine - Oui, ça m'arrive !… Et le dessert ? Que diriez-vous d'un moelleux au chocolat ?

Geneviève - Parfait ! Avec une crème anglaise !

Rosine *(pas très enthousiaste)* - Une crème anglaise ?… Pour tout vous dire, depuis Jeanne D'Arc, moi, les Anglais… Je pourrais remplacer votre crème par un caramel au beurre salé !

Geneviève - Va pour le caramel ! Mais dites-moi, vous avez la rancune tenace, vous !

Rosine - La rancune comme la reconnaissance !

Geneviève - J'aime les femmes de caractère ! Je crois que nous allons bien nous entendre ! *(Elle lui tend la main.)* Je m'appelle Geneviève !

Rosine *(lui serrant la main)* - Et moi Rosine !

Geneviève *(changeant de conversation, d'une voix énergique)* - Bon, donnez-moi cette pochette avant que vous ne soyez trempée ! Les glaçons doivent être fondus. *(Rosine lui tend la pochette.)* Vous en voulez d'autres ?

Rosine - Je vous remercie, je pense que ça va aller !

Geneviève - Très bien ! Alors, asseyez-vous, je reviens dans une minute. *(Elle sort côté cuisine avec la pochette.)*

Scène 7

Louis, Rosine

Louis entre côté couloir. Il est habillé d'un pantalon noir et d'une chemise blanche.

Louis - Bonjour, madame !

Rosine *(se levant)* - Bonjour ! Vous êtes le mari de…

Louis - Ah non ! Gigi et moi, on est pas mariés ! On vit comme qui dirait à la colle !

Rosine - Gigi, c'est le surnom que vous lui donnez ?

Louis - Ah non ! Tout le monde l'appelle comme ça ! *(Il lui tend la main.)* Loulou pour les intimes !

Rosine - Bonjour, Loulou ! Moi, c'est Rosine ! *(Elle lui serre la main. Louis l'attire à lui et regarde son œil de très près.)*

Louis - Oh là là ! Montrez-moi ça ! Ne m'dites pas que c'est vot' mari qui vous a fait ça ?

Rosine - Non ! *(Tirant sur sa main, que Louis tient toujours.)* Je ne suis pas mariée. C'est un malade dans la rue qui s'est un peu excité. Faut pas vous inquiéter, j'en ai vu d'autres !

Louis - Ah ! vous n'êtes pas mariée ? J'aurais pas cru !

Rosine - Et alors ? Ça vous pose un problème ? En tout cas, ça n'en pose pas à votre femme. Je la remplace en cuisine.

Louis - Ah bon ! J'étais pas au courant !

Rosine - Normal, on vient juste de se mettre d'accord.

Louis - Ben, j'espère que ça va pas remettre en question mon boulot !

Rosine - Je ne vois pas pourquoi ! Qu'est-ce que vous deviez faire ?

Louis - Servir le repas de ce soir !

Rosine - Ah non ! Plus maintenant ! Votre femme m'a demandé de le faire aussi !

Louis - Elle est pas bien la Gigi ! Pour une fois qu'on avait une combine d'enfer, la v'là qui nous chamboule tout !

Rosine - Y a un problème ?

Louis - Si y a un problème ? Ah ! ben oui ! Y a un problème ! *(Faisant demi-tour, il ouvre la porte du couloir et appelle.)* Gigi, faut que j'te cause ! *(Il disparaît.)*

Juste au moment où Louis disparaît, Rosine, surprise, reprend ses esprits.

Rosine - Votre femme n'est pas… *(Geneviève revient à ce moment avec son sac à main. Elle termine sa phrase machinalement.)*… par là.

Scène 8

ROSINE, GENEVIÈVE

ROSINE - Votre mari vous cherchait !

GENEVIÈVE - Il est rentré ?… Très bien ! Il va être ravi de mon idée !

ROSINE - J'en ai pas l'impression !

GENEVIÈVE *(surprise)* - Comment ?

ROSINE - Vu son comportement, j'en ai pas l'impression. Il était là, à l'instant, et quand je lui ai fait part de vos projets, il a pas eu l'air content du tout !

GENEVIÈVE - Ne vous inquiétez pas, quand je lui aurai expliqué la situation, il sera d'accord !… Bien ! Voilà ce que vous allez faire… *(Elle sort des billets de son sac.)* Je vous donne cinq cents euros, que vous puissiez choisir ce qu'il faut pour le repas.

ROSINE - Vous êtes plutôt du genre confiant, vous !

GENEVIÈVE - Pourquoi ?

ROSINE - Cinq cents euros, c'est pas une petite somme !

GENEVIÈVE - Mais je vous fais entièrement confiance !

ROSINE - C'est bien c'que j'dis !

GENEVIÈVE - J'oubliais ! Pour les vins…

ROSINE *(l'interrompant)* - Ah ! parce que le prix des vins n'était pas compris ?!

Geneviève - Non, non ! Mon mari a une cave dont il est très fier. Choisir le vin est pour lui un plaisir !

Rosine - Ah bon !… Alors, dans ce cas…

Geneviève *(inquiète)* - Je ne vous ai pas donné assez ?

Rosine - Vous m'avez bien dit pour cinq personnes ?

Geneviève - Oui !

Rosine - Alors, à moins que le prix de l'agneau n'ait flambé, je pense que ça devrait suffire !

Geneviève - Parfait ! Revenez vite, j'ai hâte de vous présenter ma fille. Ce repas est très important pour elle. Elle veut que tout soit parfait pour sa future belle-mère.

Rosine - L'enjeu doit être drôlement important, alors !

Geneviève - Pourquoi dites-vous cela ?

Rosine - J'ai jamais vu une belle-fille faire du charme à sa belle-mère ! Ou alors, votre fille est du genre vachement sympa !

Geneviève *(piquée)* - C'est le cas ! Ma fille est adorable !

Rosine - Je vous crois ! Faut pas vous fâcher !… Allez ! A tout à l'heure !

Geneviève - Je vous accompagne.

Elles sortent toutes les deux côté vestibule.

Scène 9

JOSEPH, GENEVIÈVE

Joseph arrive côté couloir avec, à bout de bras et du bout des doigts, les vêtements de Gisèle et Louis.

JOSEPH - Qu'est-ce que je vais bien pouvoir faire de ces oripeaux ?

Geneviève revient à ce moment.

GENEVIÈVE - Ah ! Joseph ! Justement, je voulais te parler.

JOSEPH *(laissant tomber les vêtements derrière un fauteuil)* - Moi aussi !... Avoir trouvé une solution pour le repas de ce soir me soulage !

GENEVIÈVE *(l'interrompant, ravie)* - Tu es d'accord ? Je le savais bien que mon idée te plairait !

JOSEPH - Quelle idée ? Je te dis que j'ai trouvé une solution pour le dîner ! Et pour cela, j'ai besoin de ton bon goût pour choisir une robe.

GENEVIÈVE *(interloquée)* - Qu'est-ce que c'est que cette idée ?

JOSEPH - Ce n'est pas pour moi !

GENEVIÈVE - Me voilà rassurée ! Mais si ce n'est pas pour toi, c'est pour qui ?

A ce moment, Gisèle entre, toujours en peignoir.

GISÈLE - Alors, ça vient c'te robe ou j'passe mon temps dans c'machin ?!

Joseph - Un instant, Gisèle ! Je donne quelques explications à ma femme !

Gisèle - Ah ! c'est vot' femme ! *(Elle lui tend la main.)* Bonjour ! Moi c'est Gigi !

Geneviève *(stupéfaite)* - Bonjour ! *(Se tournant vers son mari.)* Je crois qu'en effet des explications s'imposent !

Gisèle *(intervenant)* - C'est Loulou et moi qu'on est venus pour faire le service de ce soir ! *(Elle aperçoit les vêtements par terre, les ramasse précipitamment puis, les serrant contre elle, en colère, elle se tourne vers Joseph.)* Non mais qu'est-ce que ça veut dire ? Nos frusques sont pas assez bien pour MONSIEUR pour que MONSIEUR les balance par terre ? On en prend soin, nous, MONSIEUR, de nos frusques, parce qu'on en a pas des mille et des cents ! *(Tout en bougonnant, elle commence à étaler les vêtements sur le dossier d'un fauteuil.)* Non mais ! Si c'est pas malheureux d'voir ça ! Aucun respect ! Y en a qu'pour…

Joseph *(timidement)* - Excusez-moi, Gisèle, loin de moi l'idée d'abîmer vos vêtements. Je voulais justement les mettre dans la machine à laver.

Gisèle *(calmée)* - Vrai ?… Oh ! ben, ça c'est drôl'ment chouette ! J'suis désolée de vous avoir mal jugé !

Joseph - Ce n'est rien ! Ne vous inquiétez pas. Allez m'attendre dans la chambre, je vous apporte une jolie tenue.

Gisèle - D'accord ! *(Elle sort.)*

Geneviève - Je suis curieuse d'entendre tes explications !

Joseph *(très fier)* - J'ai trouvé ces deux clochards devant l'Armée du Salut. Ils sont prêts à recevoir et servir nos invités, c'est pourquoi j'ai besoin d'une de tes robes. *(Geneviève, interdite, le regarde un long moment.)* Dis quelque chose !

Geneviève *(après un silence)* - Des clochards ? C'est une plaisanterie !

Joseph - Ta fille les a vus et elle m'a donné son accord ! Alors ? Pour la robe ?

Geneviève *(résignée)* - Dans la penderie du milieu, ma robe bleue devrait aller.

Joseph - Merci ! *(Se dirigeant côté couloir.)* Et ne t'inquiète pas, tout se passera bien, tu verras !

Geneviève - Mais alors, Rosine…

Joseph *(faisant demi-tour)* - Rosine ?

Geneviève - La jeune femme qui était prête à faire le repas et le servir…

Joseph - Tu sais très bien que nous ne pouvons pas nous permettre de prendre du personnel !

Geneviève - Elle le faisait pour me rendre service et rien d'autre.

Joseph - Tu veux dire gracieusement ?

Geneviève - Oui ! Je pensais que tu l'avais vue !

Joseph - Non ! Mais c'est formidable ! Dès que leur linge est lavé, je me débarrasse des deux cloches. Ça ne devrait pas être trop difficile ! Ils seront déjà bien contents d'avoir leur linge propre ! *(Il se dirige vers le couloir avec les vêtements puis s'arrête brusquement et se retourne.)* Au fait, qui est cette personne ?

Geneviève *(gênée)* - C'est un peu délicat. Disons qu'elle était en mauvaise posture et que je l'ai secourue.

Joseph - Je te reconnais bien là, toujours prête à aider ton prochain. Bon, je vais voir mes deux oiseaux. *(Il sort.)*

Scène 10

Geneviève, Rosine

On sonne à la porte d'entrée. Geneviève ouvre et Rosine entre.

Rosine - J'ai oublié de prendre un panier. Comme je suis à pied, c'est mieux d'en avoir un !

Geneviève - Vous avez raison ! *(Tout en se dirigeant vers la cuisine.)* Je vais vous le chercher ! *(Revenant brusquement sur ses pas.)* Rosine ?

Rosine - Oui ?

Geneviève - Vous m'avez bien dit avoir vu mon mari tout à l'heure ?

Rosine - Oui !

Geneviève - Comment était-il ?

Rosine - Préoccupé !

Geneviève - Il vous a dit quelque chose ?

Rosine - Heu… non… Ah, si ! Il a dit comme ça : « Pour une fois que j'ai une combine ! » Et il est parti vous chercher !

Geneviève - Mon mari a trouvé un couple de sans-abri, et… Oh là là ! C'est très gênant !

Rosine *(agacée)* - Il a déniché des clodos… Et alors ?

Geneviève - Et… et… maintenant, il faut qu'ils partent !

Rosine - Je ne comprends rien à vos histoires !

Geneviève - C'est simple ! Vous ici, nous n'avons plus besoin d'eux ! Enfin, je crois !

Rosine *(dans l'incompréhension la plus totale)* - Oui ! C'est sûr… c'est sûr !

Geneviève - Je connais mon mari. Il a dit qu'il allait se débarrasser d'eux facilement !

Rosine *(inquiète)* - Se débarrasser d'eux ?!… Facilement ?!

Geneviève - … Qu'il allait leur demander de partir !

Rosine *(soulagée)* - Ah ! j'ai eu peur !

Geneviève - Rosine ! Qu'alliez-vous imaginer ? Mon mari n'est pas très diplomate, mais quand même ! *(Regardant sa montre.)* Oh ! mon dieu ! Il est déjà quatorze heures ! Je vais chercher un panier. *(Elle sort côté cuisine.)*

Rosine - Mais qu'est-ce que c'est que cette famille de oufs ?!… Des clodos ? Dans cette maison de bourges ? *(Après réflexion.)* Il est vrai que je suis bien là aussi, moi ! *(Elle est devant le miroir, tire sur sa robe, se passe un doigt sur les dents, s'examine de plus près, se passe la langue sur les dents et recule pour se contempler.)*

Geneviève revient avec un panier.

Geneviève - Tenez ! *(Elle tend le panier à Rosine.)*

Rosine - Merci !

Geneviève - J'ai rendez-vous chez le coiffeur dans un quart d'heure. Je ne serai pas rentrée lorsque vous reviendrez, alors voici la clé de la maison.

Rosine - Merci ! Bon, cette fois, j'y vais !

Geneviève - Je pars aussi !

Elle attrape sa veste au portemanteau ainsi que son sac et disparaît, après Rosine.

Scène 11

1 heure plus tard

Rosine, Louis

Rosine entre. elle porte un panier très chargé. Au même instant, Louis entre côté couloir.

Rosine *(apercevant Louis)* - Ah ! vous tombez bien, vous ! Je suis chargée comme un mulet !

Louis *(se précipitant et lui prenant le panier des mains)* - On a pas idée de vous faire porter des trucs aussi lourds ! Je suppose qu'il faut mettre ça dans la cuisine ?

Rosine - Je ne me vois pas préparer le repas dans le salon !

Louis - Alors comme ça c'est vous qui allez faire le cuistot ?

Rosine - C'est prévu comme ça, oui ! Au fait, vous avez réglé votre problème ?

Louis *(posant le panier, surpris)* - Quel problème ?

Rosine - Celui des deux clodos.

Louis - Des deux clodos ?

Rosine - Vous avez bien dit à votre femme que vous alliez vous en débarrasser vite fait ?

Louis - J'ai dit ça, moi ?

Rosine - Vous avez même dit que ça ne devrait pas être bien difficile !

Louis *(sur un ton plein de promesses)* - Ah oui ! Je m'souviens maintenant ! Oui, oui, c'est fait !

Rosine - Tant mieux ! Parce que votre femme était très ennuyée. Bon, il faut que je porte tout ça dans la cuisine ! Le repas ne va pas se faire tout seul !

Louis *(voulant prendre le panier)* - Je vais vous aider !

Rosine - Non, non ! Ouvrez-moi plutôt la porte !

Louis - Bien sûr ! Voilà !

Louis tient la porte ouverte et Rosine disparaît dans la cuisine.

Scène 12

GISÈLE, LOUIS

Gisèle entre côté couloir. Elle porte un tailleur.

GISÈLE - Mais qu'est-ce qu'on fabrique ici ? Ça fait plus d'une heure qu'on est là à tourner en rond ! Et en plus, tu sais pas c'que j'viens d'voir !

LOUIS - Raconte !

GISÈLE - Comme j'te cherchais, j'ouvre une porte au hasard et devine c'que j'vois ?! Notre bonhomme en train de repasser nos p'lures ! Et vu comment il s'y prend, c'est sur qu'il fait pas ça tous les jours ! T'avoueras que c'est pas banal ! Je commence à me poser des questions !

LOUIS - Eh ben, t'en pose plus, j'ai les réponses !

GISÈLE - Qu'est-ce que tu sais que j'sais pas ?

LOUIS - Y a là une demoiselle qui m'prend pour notre bourgeois…

GISÈLE *(l'interrompant)* - Comment qu'elle a fait pour confondre ?!

LOUIS - Qu'est-ce que tu crois ? J'ai d'la classe !

GISÈLE - C'est ça ! Et moi j'suis la reine de Saba !

LOUIS - Très drôle !… Bon, alors ! J'te dis ou pas ?

GISÈLE - Vas-y ! J'suis curieuse !

LOUIS - La demoiselle me prend donc pour notre bourgeois. Pour ma part, je l'avais prise pour sa femme. Mais quand je t'ai demandé tout à l'heure qu'est-ce que c'était que ce changement de programme...

Gisèle *(exaspérée)* - Je t'ai répondu que j'étais au courant de rien !

Louis - Je sais bien ! J'ai compris qu'il y avait eu méprise sur la personne, car à l'instant tout vient de s'éclaircir ! Figure-toi que notre bienfaiteur a changé d'avis. Il n'a pas l'intention de nous garder. J'crois même qu'il attendait que nos fringues soient sèches pour nous demander de quitter les lieux ! Le plus grave, c'est qu'avec tout ça on a pas réservé not' place pour la nuit !

Gisèle - Tu veux dire qu'on va coucher dehors, ce soir ?

Louis *(d'un air rusé)* - Pas si on s'y prend bien !

Joseph entre avec le linge de Gisèle et Louis.

Scène 13

Joseph, Louis, Gisèle

Joseph *(grandiloquent)* - Ah ! mes amis ! Je viens d'apprendre que mes parents venaient pour le week-end. Je ne vais pas pouvoir vous garder. Ne vous inquiétez pas pour le repas, ce qui est promis est promis. Mais, vu les circonstances, vous comprendrez, j'en suis sûr, que nous ne puissions vous loger pour la nuit à venir.

Louis *(ironique)* - Ah! ben, pour sûr! Si vos parents arrivent tout à l'heure, y a plus d'place pour nous loger!

Joseph - Croyez bien que j'en suis navré!

Louis *(faussement innocent)* - Que vos parents viennent?

Joseph - Mais non, mon cher Louis… que vous soyez obligés de partir!

Louis - Ah là là! Quelle salade! *(Prenant familièrement Joseph par les épaules.)* Vous savez quoi?

Joseph *(pas très à l'aise)* - Non…

Louis - Y a comme qui dirait un p'tit caillou dans votre salade.

Joseph - Je ne comprends pas.

Louis - Quand ça passe sous la dent ça fait mal!

Joseph - Certainement, mais…

Louis - Eh ben, Gigi et moi on est le p'tit caillou dans votre salade!

Gisèle, qui s'est approchée très près de Joseph, opine vigoureusement de la tête.

Joseph - Expliquez-vous!

Louis - En clair… on a pas l'intention de partir!

Gisèle *(jubilant)* - Non, non!

Joseph *(stupéfait)* - Pas l'inten… Mais… mais ce n'est pas possible! Je vous ai expliqué que nous n'avions plus besoin de…

Gisèle *(l'interrompant)* - On entend bien, on entend bien ! Mais voilà ! Nous, on veut plus partir !

Louis - Ou alors c'est avec un gros chèque !

Gisèle - Un très gros chèque ! *(Prenant Louis en aparté.)* On n'a pas d'compte en banque !

Louis *(rapidement)* - T'inquiète !

Joseph *(bafouillant)* - Mais… mais… c'est… c'est du chantage !

Gisèle et Louis *(opinant de la tête)* - Hum, hum !

> *Joseph s'effondre dans un fauteuil. Au même instant, Geneviève entre. Elle a une nouvelle coiffure.*

Scène 14

Geneviève, Louis, Joseph, Gisèle

Geneviève *(surprise et soupçonneuse)* - Bonjour, monsieur, vous êtes sans doute…

Louis - Loulou, pour vous servir. Enfin, quand je dis « pour vous servir », c'est une façon de parler.

Joseph *(qui jusque-là est resté prostré)* - Ah ! Geneviève, tu es là !

Geneviève *(apercevant Gisèle dans son tailleur)* - Peux-tu me dire ce que fait cette femme dans mon tailleur ? J'avais parlé d'une…

Joseph *(l'interrompant)* - Ton tailleur ?... Ecoute ! Geneviève, il y a plus grave que ton tailleur : ces deux oiseaux ne veulent plus partir !

Geneviève *(criant presque)* - Comment ça, ils ne veulent plus partir ?

Louis *(intervenant)* - Faut pas vous inquiéter, ma p'tite dame. Si vous êtes de bonne volonté on devrait pouvoir s'entendre.

Gisèle - J'ai comme l'impression qu'on va être am'nés à nous côtoyer un petit moment. On est tellement bien chez vous qu'on va p'être bien rester plus longtemps que prévu !

Geneviève - Mais... mais vous ne pouvez pas...

Gisèle et Louis - Mais si ! Mais si !

Louis - Allez ! On vous laisse, le temps de trouver un terrain d'entente. Tu viens, Gigi ?

Gisèle *(prenant les vêtements au passage)* - Passe devant, j'te suis !

Ils sortent côté couloir.

Joseph *(anéanti)* - Je suis désolé !

Geneviève *(assise)* - Qu'allons-nous dire à Léa ?

Joseph - Je suis vraiment désolé !

Geneviève - Au lieu de te lamenter, tu ferais mieux de trouver une solution avant que ta fille n'arrive !

Scène 15

GENEVIÈVE, JOSEPH, LÉA, ROSINE

La porte d'entrée s'ouvre. Léa entre avec des fleurs.

GENEVIÈVE *(se levant d'un bond)* - Ma chérie ! Te voilà enfin !

JOSEPH *(rectifiant)* - Déjà ! Te voilà déjà !

LÉA - Eh bien, vous en faites une tête tous les deux ! Il ne fallait pas vous inquiéter, j'étais juste chez le fleuriste ! Je vais dans la cuisine pour mettre ces fleurs dans un vase. *(Elle entre dans la cuisine pour en ressortir lentement, presque aussitôt. Après avoir regardé ses parents un moment, elle articule lentement en montrant la porte de la cuisine.)* Que fait cette… cette femme dans la cuisine ?

Au même instant, la porte de la cuisine s'ouvre. Bousculant Léa restée devant, Rosine entre.

ROSINE - J'ai comme l'impression que votre fille est rentrée !

GENEVIÈVE - Rosine ! Il y a longtemps que vous êtes revenue ?

ROSINE - Suffisamment longtemps pour avoir épluché les haricots verts.

GENEVIÈVE - Oh ! très bien !… Mais laissez-moi vous présenter mon mari, Joseph, et ma fille, Léa.

ROSINE *(s'adressant à Léa)* - Alors, comme ça, c'est vous Léa ?

Léa *(sans rendre son salut à Rosine)* - Maman, je peux te parler une minute ?

Geneviève - Bien sûr, ma chérie ! Passons dans la cuisine, si tu le veux bien.

Léa - C'est ça ! Allons dans la cuisine ! *(D'un pas décidé, elle ouvre la porte de la cuisine et laisse entrer sa mère avant d'entrer à son tour.)*

Joseph *(mal à l'aise)* - Ma femme m'a parlé d'un incident qui vous serait arrivé…

Rosine - Ouais ! Et sans elle, je suis pas sûre que j'aurais eu le dernier mot avec ce malade !

Joseph *(inquiet)* - Ce malade ? Mais que vous est-il arrivé ?

Rosine - Ce qui peut arriver à une fille qui fait le boulot que je fais !

Joseph *(sans réfléchir)* - Et quel est le métier que vous faites ?

Rosine *(perplexe, le regarde quelques instants tout en prenant une pose très aguichante)* - Tu t'fous de moi, là ?

Joseph *(réalisant brusquement qu'il a en face de lui une prostituée)* - Oh ! bon sang ! Je n'avais pas vu… Enfin, je veux dire, je n'avais pas réalis…

Rosine *(agacée)* - Bon, ben, ça va ! On va pas y passer le réveillon, non plus ! Dites-moi plutôt… Si vous êtes le mari de Geneviève, c'est qui celui que j'ai vu tout à l'heure ?

Joseph *(gêné)* - Eh bien…

Rosine *(rigolant)* - Oh non ! Ne me dites pas que c'est le clo…

Joseph *(l'interrompant et jetant un regard vers sa fille)* - Eh bien, oui ! Mais ma fille n'est pas encore informée de...

La porte s'ouvre à toute volée. Léa surgit, furieuse.

Léa - Non, mais tu te rends compte dans quelle situation tu me mets ?

Rosine - Ah ! je crois que votre femme vient de la mettre au parfum.

Louis et Gisèle entrent au même instant.

Scène 16

Léa, Joseph, Geneviève, Louis, Gisèle, Rosine

Léa - Quoi ! Encore eux ?

Joseph *(essayant de la calmer)* - Léa, ma chérie, ne t'inquiète pas !

Léa *(faussement calme)* - Mais... je ne m'inquiète pas... *(Dédaigneuse.)* J'exige que tu te débarrasses de tout ces... *(Cherchant un mot approprié)*... ces personnages !

Geneviève - Léa ! Je t'en prie !

Léa *(furieuse)* - Ah non ! C'est moi qui t'en prie ! Je ne veux plus voir ces gens chez moi !

Louis - Ça, je comprends que vous soyez contrariée, mais vous n'êtes pas en mesure de prier qui que ce soit.

GISÈLE *(admirative)* - Qu'est-ce que tu causes bien mon Loulou !

ROSINE *(exaspérée, mais nullement impressionnée)* - C'est pas le tout, mais je fais quoi, moi, avec mon menu ?

GENEVIÈVE - Je ne sais plus très bien…

ROSINE - Vous ne savez plus ? Eh bien, moi, je vais vous dire ! *(Se tournant vers Léa.)* Tout d'abord, vous, mademoiselle, soit disant adorable, vous n'avez pas à vous mêler de nos affaires !

GISÈLE - Oh ! ben, ça c'est envoyé !

ROSINE *(continuant)* - C'est un deal entre votre mère et moi. J'ai dit que je ferai le repas de ce soir, c'est ce que je vais faire, que ça vous plaise ou non, et soyez sûre que je ne le fais pas pour vous !

LÉA - Je ne vous perm…

ROSINE - Fermez-la ! Ensuite, parce que je suis sympa et que je suis de parole, j'irai même jusqu'à le servir !

JOSEPH *(afin d'amadouer Rosine)* - C'est vraiment très gentil à vous. Nous vous sommes très reconnaissants. *(Se tournant vers sa fille, suppliant.)* N'est-ce pas Léa ?

LÉA *(de mauvaise grâce et du bout des lèvres)* - D'accord !

ROSINE - Très bien ! Alors si vous le permettez, je retourne à mes fourneaux ! *(Elle sort.)*

GENEVIÈVE *(naïve)* - Eh bien, voilà ! C'est arrangé !

LÉA - Ah oui ? Et c'est deux-là ?

LOUIS *(hochant la tête, navré)* - Tss, tss, tss, tss ! Est-ce que c'est une façon de parler de ses grands-parents ?

Geneviève et Joseph - Quoi ?!

Louis - On s'est dit comme ça, ça s'rait chouette que le papy et la mammy soient de la partie !

Joseph - Vous n'y pensez pas !

Gisèle - Oh ! que si, on y a pensé, justement, puisque vous nous gardez quelques jours…

Geneviève et Joseph - Comment ça, quelques jours ?!

Gisèle *(reprenant comme si elle n'avait pas été interrompue)* - Puisque vous nous gardez quelques jours, autant qu'on soit de la famille. C'est quand même plus sympa ! Hein, Loulou ?

Louis *(prenant Léa par les épaules)* - Eh oui, ma belle, on a bien vu que ça vous plaisait qu'à moitié… *(Léa se dégage, furieuse.)* Pourtant, va bien falloir faire avec !

Gisèle - Nous aussi on avait un deal avec vot' père et, comme Rosine, on est des gens de parole ! Hein, Loulou ?

Léa - Vous ne pouvez pas me faire ça ! *(Se tournant vers son père.)* Papa ! Je t'en prie, fais quelque chose !

Joseph *(accablé)* - Peut-être devrions-nous envisager la possibilité d'avoir Gisèle et Louis à notre table ce soir…

Geneviève *(résignée)* - Il faut que je prévienne Rosine que nous serons sept à table.

Louis - Voilà qui est nettement mieux !

Gisèle - Faut pas vous en faire, tout va bien s'passer !

RIDEAU

ACTE 2
Scène 1

GISÈLE, LOUIS

Louis est assis dans un fauteuil, une pipe à la main, prenant des airs de propriétaire. Gisèle entre côté couloir.

GISÈLE - T'es tout seul ?

LOUIS *(gardant la pose)* - Hum, hum !

GISÈLE - Y sont où nos « zôtes » ?

LOUIS - J'en sais rien.

GISÈLE - Depuis quand tu fumes la pipe ?

LOUIS - Tu peux pas la fermer cinq minutes ?

GISÈLE *(comme si elle réfléchissait sur la question)* - Ben... non ! *(Elle s'assoit dans l'autre fauteuil.)* Tu veux que j'te dise ?

LOUIS *(las)* - Non.

GISÈLE - J'suis pas sûre d'avoir envie de rester.

LOUIS *(se redressant)* - Ben pourquoi ? On est bien, là !

Gisèle *(pas convaincue)* - Ouais ! Mais j'suis pas sûre quand même ! Et puis j'me sens moche dans cette espèce de… *(Elle tire sur sa veste.)*… truc !

Louis - Pourtant t'en as mis du temps à choisir !

Gisèle - Ouais ! Mais j'ai rien trouvé à mon goût ! J'suis moche là-d'dans !

Louis - Mais si t'es belle ! *(Ajoutant d'un air innocent.)* Ça t'change !

Gisèle - Ça veut dire quoi ? *(Louis est sauvé par le téléphone qui sonne.)* Qu'est-ce qu'on fait ? Et puis d'abord, y sont où les proprios ?

Louis *(posant sa pipe et se levant en soupirant)* - J'y vais… *(Il décroche.)* Allô !… C'est Louis à l'appareil. *(Il écoute un bon moment.)* D'accord. On va réfléchir… Puisque j'vous dis qu'on va réfléchir ! *(Il raccroche et retourne s'asseoir.)*

Gisèle - C'était qui ?

Louis *(dans un soupir exaspéré)* - Le pape !

Gisèle - Qu'est-ce qu'il voulait ?

Louis - Rassure-moi, Gigi, tu l'fais exprès ?

Gisèle - Exprès quoi ?

Louis - O.K. ! O.K. ! C'était Delatour. Ils sont inquiets, ils n'ont toujours pas retrouvé leur fille.

Gisèle - J'espère que c'est pas à cause de nous qu'elle est partie !

Louis - De qui d'autre que tu veux qu'ce soit ? Du pape ?

Gisèle - Ben pourquoi je croirais qu' c'est l'pape ?

Louis - Tu sais que tu pourrais me faire tourner chèvre ! Bon, je vais t'expliquer. *(Corrigeant.)* Non, je vais essayer de te faire comprendre. *(Lentement.)* Si elle est partie c'est à cause de nous et Delatour me suppliait presque de partir. Sa fille veut plaire à sa future belle-mère et elle pense qu'on va faire tache dans le paysage !

Gisèle - Tu vois bien qu'on peut pas rester. Même si la gamine est pas très aimable, on n'a pas le droit de gâcher son dîner.

Louis - Qui te dit qu'on lui gâcherait son dîner ? *(Le téléphone sonne à nouveau. Il décroche.)* Allô !... Oui... Qui ça ?... Ah ! oui, oui ! Je suis bien monsieur Delatour.

Gisèle - Ben ça va pas ! *(Louis lui fait signe de se taire. Fataliste, elle retourne s'asseoir.)* Là, c'est les ennuis qui commencent.

Louis - Madame Bareuil ?... Vous devez annuler le dîner de ce soir ?... Ah ! mais c'est pas possible !... J'ai bien entendu, vous devez prendre l'avion demain parce que vous avez une réunion imprévue à Copenhague. Moi, c'que je sais, c'est que vous avez un dîner de prévu et que vous allez venir ! Pour les enfants vous pourriez faire cet effort. C'est quand même plus important qu'une réunion !... Eh ben, voilà ! Vous voyez quand vous voulez ! Alors, à tout à l'heure. *(Il raccroche, très content de lui.)*

Gisèle *(s'approchant de Louis)* - Qu'est-ce qui t'a pris de t'faire passer pour Delatour ? Et puis c'était qui au téléphone ?

Louis - C'était l'invitée de ce soir. Elle annulait le dîner. Mais t'as entendu, hein ! J'ai bien rattrapé le coup ! Après ça, la gamine pourra plus nous en vouloir.

Gisèle - J'espère !

Louis - T'inquiète pas !… Bon, je vais voir Rosine pour la prévenir.

Gisèle - La prévenir ? Pour quoi faire ?

Louis - Mme Bareuil ne va faire que passer, elle ne restera pas dîner. *(Il entre dans la cuisine.)*

Gisèle - Drôle de façon de rattraper le coup ! *(Elle retourne s'asseoir et s'étire.)* En attendant, j'en profite. C'est pas tous les jours qu'on s'installe chez des bourges !

Rosine entre, suivie de près par Louis. Elle n'a plus l'œil au beurre noir.

Scène 2

Rosine, Louis, Gisèle

Rosine - Comment ça ? Les invités ne viennent plus ?

Louis - Si, si ! Ils viennent. Seulement y a que le fils qui va rester.

Rosine - Va peut-être falloir se mettre d'accord sur le nombre d'invités ! Un coup c'est cinq, un coup c'est sept ! Maintenant c'est six !

Louis - Quand même ! Elle a un culot c'te bonne femme ! *(Imitant Mme Bareuil.)* « Je suis sincèrement désolée. Vous comprenez, les affaires ne peuvent… *(Marquant bien la liaison.)*… t'attendre ! Un imprévu… » Et blablabla et blablabla ! Non mais pour qui qu'elle s'prend celle-là ?

Rosine - T'énerve pas ! Qu'est-ce que t'en as à faire après tout ?

Gisèle - C'est vrai ça ! On va pas rester à la supporter, non plus ! C'est leurs oignons, à nos « zôtes ».

Rosine - En parlant d'eux, ils sont où ?

Louis - Leur fille est partie en larmes en disant qu'elle voulait mourir. Elle a laissé son portable alors ils font le tour de ses amis pour la retrouver.

Rosine - Cette pimbêche ? Elle a bien à se plaindre, va ! Elle a une mère gentille comme tout et un père qui ferait n'importe quoi pour sa fille.

Louis *(suggérant)* - Comme faire venir un couple de paumés ?

Gisèle *(vexée)* - C'est qui les paumés ? J'te f'rais dire que si t'es paumé, moi j'sais exactement où j'suis. Si tu savais pas, t'avais qu'à me le demander !

Louis - Tais-toi, Gigi ! Tu m'soûles !

Gisèle *(après un haussement d'épaule dédaigneux adressé à Louis, elle s'adresse tout sourire à Rosine)* - Rosine, c'est ça ?

Rosine - C'est ça !

Gisèle - Moi c'est Gisèle, mais tout le monde m'appelle Gigi ! On devait faire la cuisine, Loulou et moi...

Rosine - J'ai appris ça, oui ! Tu m'en veux pas ?

Gisèle - De quoi ?

Rosine - Que je fasse la cuisine à ta place !

Gisèle - Pas du tout ! De toute façon, j'aurais été bien en peine de faire quoi qu'ce soit ! La cuisine et moi on est pas copains !

Louis - Pourquoi tu dis ça ? T'es la reine de la tambouille ! Tu manies l'ouvre-boîte comme personne !

Gisèle *(très fière)* - Ah ! ça c'est vrai ! Mais dis-nous, Rosine, tu fais quoi comme boulot sinon ?

Rosine - Je m'occupe des mecs en détresse et, crois-moi, y en a !

Gisèle - Ah ! t'es assistante sociale !

Rosine - Pas vraiment ! Je suis, comme qui dirait et pour parler correct, une fille de joie.

Gisèle - T'as raison, c'est plus joli ! Tu sais, t'es un peu comme nous !

Louis *(surpris)* - Ah bon ?

Gisèle - Ben oui ! On est dans la rue, elle aussi.

Rosine *(tapant gentiment dans le dos de Gisèle en riant)* - T'as raison, ma Gigi !

Louis *(s'adressant à Rosine)* - Regarde-moi, toi ! *(Rosine se tourne vers Louis.)* Ton coquard a déjà disparu ?

Rosine - Si Gigi est la reine de l'ouvre-boîte, moi je suis la reine du maquillage !

Gisèle *(sur un ton vindicatif)* - Un coquard ? Dis-nous qui c'est qui t'a fait ça que Loulou aille lui casser la figure !

Rosine - C'est gentil, mais c'est pas la peine.

Gisèle - Si, si !

Louis - Elle te dit que c'est pas la peine ! *(S'adressant à Rosine.)* Par contre, si t'as besoin de nous pour autre chose, n'hésite pas.

Rosine - Si vous voulez vous rendre utile, je veux bien que vous dressiez le couvert.

Gisèle *(interloquée)* - Qu'on fasse quoi ?

Rosine *(traduisant)* - Que vous mettiez la table !

Gisèle - Ah ! ben fallait l'dire ! Y a pas d'problème ! *(Elle se place d'un côté de la table.)* Allez, Loulou, donne-moi un coup d'main, on va mettre la table au milieu !

Au moment où ils soulèvent la table, on sonne à la porte.

Scène 3

Gisèle, Rosine, Mme Bareuil, Louis

Gisèle *(reposant la table)* - Ah ! ben, nous vl'à frais ! Qu'est-ce qu'on fait si c'est cette Mme Bareuil ?

Rosine - Je vais ouvrir, on verra bien ! *(Elle ouvre la porte. Mme Bareuil est seule.)* Bonjour, madame. Entrez, je vous en prie.

Gisèle *(à Louis)* - Elle a du style la p'tite Rosine !

Louis - Tais-toi donc, Gigi !

Mme Bareuil détaille Rosine de la tête aux pieds tout en enlevant son manteau.

Mme Bareuil *(sur un ton inquiet)* - Vous êtes Léa ?

Rosine - Ah non ! Moi j'suis la bonne !

Mme Bareuil *(choquée)* - La… *(Tout en lui donnant son manteau, elle se tourne vers Gisèle et Louis.)* Madame et monsieur Delatour ? *(Elle tend la main que Gisèle secoue énergiquement.)*

Gisèle - Vous y êtes pas du tout ! Mais vous, j'parie que vous êtes madame Bareuil !

Mme Bareuil - Comment ?

Louis *(poussant Gisèle)* - Tais-toi, Gigi !… *(Serrant la main de Mme Bareuil, abasourdie.)* Louis Delatour. Je suis le père de…

Rosine *(venant à son secours)* - … Joseph !

Louis - Ah oui ! Joseph.

Mme Bareuil *(de plus en plus surprise)* - Vous ne vous rappelez pas du prénom de votre fils ?

Gisèle *(croyant donner une bonne explication)* - Faut dire qu'on le voit pas souvent !

Mme Bareuil - Comment ?

Louis - Tais-toi, Gigi ! *(S'adressant à Mme Bareuil, complètement déboussolée.)* Asseyez-vous, en attendant mon fils.

Gisèle - Au fait, le vôtre, il est où ?

Mme Bareuil *(visiblement mal à l'aise, restée debout)* - Il ne devrait plus tarder. J'arrive directement de mon bureau. Je lui ai demandé de me rejoindre ici.

Gisèle *(la poussant littéralement dans un fauteuil)* - Louis vous a dit de vous asseoir ! Vous paierez pas plus cher !

Mme Bareuil s'assoit très droite sur le bord du fauteuil.

Mme Bareuil *(mal à l'aise)* - A… A quelle heure pensez-vous qu'ils vont revenir ? Je veux dire, Mme et M. Delatour !

Comme je vous le disais tout à l'heure au téléphone, je n'ai que peu de temps. Les affaires... Vous comprenez... Mais vous avez eu raison de me rappeler que les enfants sont plus importants.

Gisèle - Pour sûr que les enfants c'est important ! Pourquoi qu'vous croyez qu'on est là ? Son père y fr'ait tout pour sa fille !

Louis *(voyant l'expression choquée de Mme Bareuil)* - Euh... oui ! Mon fils nous a invités ce soir parce qu'il savait que ça ferait plaisir à Léa !

Gisèle - Ah bon ?

Rosine *(faisant diversion)* - J'vous sers un verre en attendant ?

Mme Bareuil *(choquée par cette familiarité)* - Ce n'est pas nécess...

Louis - C'est une bonne idée ! Allez donc nous chercher un p'tit cordial, j'ai l'impression que notre invitée en a besoin.

Rosine *(oubliant qu'elle tient le rôle de la bonne)* - J'y vais, mais c'est bien parce que je l'ai proposé ! Faudrait pas prendre trop tes aises !

Louis *(faisant des signes derrière le dos de Mme Bareuil)* - Voyons, Rosine ! Je pense que vous vous égarez !

Rosine *(réalisant sa bévue, reprend son rôle)* - Excusez-moi, monsieur ! *(Elle se sauve dans la cuisine.)*

Gisèle *(toujours en admiration devant Louis)* - Qu'est-ce que tu causes bien, mon Loulou !

Mme Bareuil *(de plus en plus stupéfaite)* - Vous... vous avez là une bonne un peu... hum... Comment dirais-je ? Un peu...

Gisèle *(essayant de l'aider à trouver ses mots)* - ... Chouette ?

Mme Bareuil - Ce n'est pas le mot qui me venait à l'esprit. *(Puis, n'y tenant plus.)* De plus, comment pouvez-vous accepter cette tenue ? Mon dieu ! Quel mauvais genre !

Louis - Ce soir elle est de sortie, alors elle s'est mise sur son trente et un !

Mme Bareuil *(très snob)* - Votre fils a d'autres employés, je suppose ?

Louis *(répondant sur le même ton)* - Au prix de la main d'œuvre ? Vous n'y pensez pas !

Mme Bareuil - C'est indiscutable ! Pour ma part, je me contente d'une gouvernante et parfois je fais appel à une agence, pour les extras. Si vous désirez l'adresse, je me ferai un plaisir de vous la donner.

Gisèle *(intervenant)* - C'est pas la peine ! On a c'qui faut à l'Armée du... *(Elle est interrompue par Louis qui lui donne un coup de coude dans les côtes. Puis, surprise et agacée.)* Quoi ?

Mme Bareuil - Vous êtes dans l'armée ?

Louis - J'étais... Aujourd'hui, je suis à la retraite. *(Préférant changer de sujet.)* Je trouve qu'il commence à faire soif ! Je vais voir où en est Rosine !

Il s'apprête à entrer dans la cuisine lorsque Rosine arrive avec un plateau et trois verres de jus d'orange.

Rosine - Désolée ! J'ai ouvert tous les placards, j'ai trouvé que du jus de fruits ! *(Elle pose le plateau sur la table, donne un verre à Mme Bareuil qui le prend en faisant la grimace.)*

M?? Bareuil - Pourrais-je avoir quelques glaçon ? Ce jus d'orange est tiède !

Rosine - Ah ! ça va pas être possible ! Madame me les a mis sur l'œil tout à l'heure ! Enfin, je vais quand même vérifier s'il en reste ! *(Elle sort sans attendre.)*

M?? Bareuil *(interloquée)* - Si je puis me permettre, votre fils a vraiment une domestique très particulière !

On sonne à la porte.

Scène 4

G????è??, C??????, M?? B??????, L????

Gisèle - J'vais ouvrir ! *(Elle ouvre. Clovis est sur le pas de la porte.)* Bonjour mon gars ! *(Elle le tire par la manche.)* Entrez ! Restez pas dehors !

Clovis - Madame Delatour ?

Gisèle - Ah ! ça, faut demander à Louis ! J'ai pas tout suivi !

Clovis *(surpris)* - Pardon ?

Louis *(intervenant)* - Entrez ! Ne faites pas attention à ma femme, elle plaisante ! *(Serrant la main de Clovis.)* Bonjour ! Je suis le grand-père de Léa.

Clovis - Bonjour monsieur ! *(Voyant sa mère.)* Oh ! mère, vous êtes déjà là ?

Mme Bareuil - Je suis partie plus tôt, M. Delatour m'a expressément demandé de venir !

Clovis - Je ne comprends pas… Ne deviez-vous pas dîner avec nous ce soir ?

Mme Bareuil - Un fâcheux contretemps m'oblige à prendre l'avion demain matin pour Copenhague.

Gisèle *(à Louis)* - C'est où ça ?

Louis - Tais-toi, Gigi !

Mme Bareuil - Je ne peux malheureusement pas rester bien longtemps.

Louis - Vous allez bien attendre que ma petite-fille revienne ? Elle serait trop déçue…

Mme Bareuil - Bien entendu ! Mon fils ne m'a fait que des éloges de votre petite-fille.

Gisèle - Ah bon ? Vous êtes sûre que c'est de Léa qu'on cause ?

Louis *(sur un ton d'avertissement)* - Gigi…

Gisèle *(finissant sa phrase)* - … Tais-toi !… Ça va, j'ai compris !

Louis - Faites pas attention, Gigi adore rigoler !

Mme Bareuil *(levant les yeux au ciel, dédaigneuse)* - Gigi ?

Clovis *(essayant de détendre l'atmosphère)* - Donc… vous… vous êtes les grands-parents de Léa ? Je suis heureux de pouvoir rencontrer toute sa famille ce soir. Léa me parle très souvent de vous !

Gisèle - Comment qu'elle a pu parler de nous ? On s'connaît que d'aujourd'hui !

Clovis *(d'un petit rire forcé)* - Oh ! c'est encore une blague ! Votre femme est très drôle.

Louis - Ah ! vous pouvez pas savoir à quel point !

Rosine entre avec un bol de glaçons.

Scène 5

Rosine, Clovis, Mme Bareuil, Louis, Gisèle

Rosine - J'ai eu un mal de chien pour vous trouver des glaçons ! Y en a pas beaucoup mais c'est mieux que rien !... Zut ! J'ai oublié la pince.

Gisèle - J'y vais !

Louis - Tu sais ce que c'est ?

Gisèle *(levant les épaules)* - Pff ! prends-moi pour une demeurée pendant qu't'y es ! *(Elle entre dans la cuisine.)*

Scène 6

ROSINE, CLOVIS, MME BAREUIL, LOUIS

Rosine, qui jusque-là avait suivi les propos de Gisèle et Louis, s'aperçoit de la présence de Clovis. Elle pose le bol sur la table.

ROSINE - C'est vous l'heureux élu ? *(Elle réajuste sa robe le long de son corps et se dirige vers Clovis, la main tendue. Subjugué, celui-ci reste immobile.)* Vous pouvez y aller, je ne mords pas !

CLOVIS *(se ressaisissant, il lui serre la main)* - Non bien sûr ! Veuillez m'excuser ! Je m'appelle Clovis. A qui ai-je l'honneur ?

ROSINE - Rosine. Je suis…

MME BAREUIL *(précipitamment)* - … La bonne ! C'est la bonne !

ROSINE - Ah oui ! C'est vrai ! *(S'approchant très près de Mme Bareuil en la narguant.)* J'avais oublié ! *(S'adressant à Clovis, aguicheuse.)* J'espère que vous aimez le jus d'orange parce que je n'ai que ça à vous proposer !

CLOVIS *(sous le charme)* - Tout ce que vous voulez !

Ignorant l'air scandalisé de Mme Bareuil, Rosine s'approche très près de Clovis.

ROSINE - C'est vrai ?

CLOVIS *(desserrant sa cravate, très ému)* - Je… je veux dire…

ROSINE *(tout sourire et s'éloignant de Clovis)* - Je vais vous chercher un verre.

Mme Bareuil *(n'y tenant plus, explose)* - Quelle impertinence !… Jamais ! Vous m'entendez ? Jamais je n'ai vu pareil comportement de la part d'une domestique ! Si vous étiez à mon service, il y a longtemps que je vous aurais renvoyée !

Rosine *(ironique, les poings sur les hanches)* - Oui, mais voilà : je ne suis pas à votre service, vieille rombière !

Mme Bareuil *(suffoquant de colère et s'adressant à Louis)* - Comment pouvez-vous laisser votre domestique m'insulter de la sorte ?

Louis *(l'attitude de Mme Bareuil commençant à l'agacer)* - C'est facile : en la laissant s'exprimer !

Mme Bareuil - Oh ! je crois que j'en ai assez entendu ! Clovis, suis-moi ! Nous partons immédiatement !

Clovis - Mais… Léa n'est pas encore arrivée…

Mme Bareuil - Je ne resterai pas une minute de plus à me faire insulter ! Et toi, tu viens avec moi !

Clovis - Mère, je vous en prie !

Mme Bareuil - Tu ne discutes pas ! Tu viens !

Clovis - Non, mère ! J'admets que cette demoiselle a eu des propos désobligeants, mais reconnaissez que vous-même…

Mme Bareuil - Oh !… Se voir traiter de la sorte par… *(Montrant Rosine.)*… ça !

Louis - « Ça » ! C'est la goutte qui fait déborder le vase ! *(Tenant la porte d'entrée ouverte d'une main, il lui tend son manteau de l'autre.)* La sortie c'est par ici !

Mme Bareuil *(arrachant son manteau des mains de Louis, elle s'apprête à sortir)* - Jamais ! Vous m'entendez ? Jamais je ne reviendrai !

Louis *(pas le moins du monde troublé)* - C'est pas gave, on s'en r'mettra ! *(Il la pousse dehors fermement.)*

Clovis *(réagissant tardivement)* - Il faut que je lui parle ! *(Il se précipite vers la porte que Louis vient de refermer.)*

Louis *(prenant Clovis par les épaules)* - Allons, mon gars, crois-moi : quand une femme est en colère, le mieux à faire c'est de laisser passer l'orage.

Clovis - Connaissant ma mère, je doute fort que ce soit un orage.

Gisèle revient avec une pince à glaçons.

Scène 7

Gisèle, Louis, Rosine, Clovis

Gisèle - Voilà l'outil ! J'ai fouillé part... *(Réalisant l'absence de Mme Bareuil.)* Ben... Elle est où vot' mère ?!

Louis *(répondant à la place de Clovis qui s'est assis, accablé)* - Elle est partie !

Rosine *(venant s'asseoir sur le bras du fauteuil)* - Je trouve que vous avez drôlement bien assuré.

Clovis - Vous croyez ?

Rosine - Si j'vous l'dis ! Faut pas vous en faire.

Gisèle - J'ai raté quelque chose ?

Louis *(prenant Gisèle par le bras)* - Viens, Gigi ! Tu vas me montrer où t'as trouvé ce machin.

Gisèle - C'est pas plutôt pour les laisser seuls que tu veux qu'on sorte ?

Louis - Des fois t'as des éclairs de lucidité !... Allez, viens !

Gisèle - Ça va pas ? T'as oublié Léa !

Louis - Mais on s'en fout de Léa !

Ils sortent côté cuisine.

Scène 8

Rosine, Clovis

Rosine *(après un silence)* - Vous avez une mère très…

Clovis - … Très autoritaire.

Rosine - Aussi, oui !

Clovis - Vous êtes la première femme à lui avoir parlé sur ce ton !

Rosine - Y a pas de quoi en être fière. Mais faut dire qu'avec ses grands airs, elle m'a un peu agacée.

Clovis - J'avoue qu'elle peut être irritante parfois. Heureusement que les parents de Léa étaient absents !

Rosine - Pourquoi ? Au moins vous auriez vu leur comportement face à la situation !

Clovis - J'ai l'impression que vous n'aimez pas beaucoup vos employeurs !

Rosine - Mme Delatour est une femme généreuse. Quant à M. Delatour, le peu que je connaisse de lui me laisse à penser que c'est un homme qui n'a aucune autorité chez lui.

Clovis - Vous devez être très psychologue.

Rosine - Déformation professionnelle, sans doute !

Clovis - Vous n'êtes pas la domestique ?

Rosine - Je fais des extras.

Clovis - Et que faites-vous dans la vie quand vous ne faites pas des extras ?

Rosine - Disons que je suis dans les relations publiques. *(Rajoutant en anglais pour faire bonne mesure.)* « Public relations ».

Clovis - Oh ! ce doit être très intéressant !

Rosine - Très enrichissant surtout ! Et toi, qu'est-ce que tu fais ?

Clovis - Je me prépare à prendre la direction des usines familiales.

Rosine - Et ça te plaît ?

Clovis - C'est que je n'ai pas vraiment le choix !

Rosine - Pourquoi ?

Clovis - Eh bien, ma mère a mis tous ses espoirs en moi. Je ne veux pas la décevoir.

Rosine - C'est aussi pour ne pas décevoir Léa que tu l'épouses ? C'est une gamine pourrie gâtée qui n'a jamais su ce que travailler veut dire et qui compte bien mettre la main sur une grosse fortune pour pouvoir se la couler douce.

Clovis - Nous nous connaissons depuis très peu de temps, parler mariage me semble prématuré.

Rosine - C'est pas l'impression que j'en ai ! Si ce dîner est aussi important pour elle c'est qu'elle veut en mettre plein la vue à ta mère... Et pourquoi, à ton avis ?

Clovis *(suggérant timidement)* - Elle m'aime ?

Rosine - Elle aime ton fric, oui ! Crois-moi, prends tes jambes à ton cou et file pendant qu'il est encore temps !

Clovis - Pourquoi me dites-vous cela ?

Rosine - Parce que je ne veux pas te voir tomber entre ses griffes. Et peut-être aussi parce que je te trouve mignon.

Clovis *(troublé)* - Oh ! je... je vous trouve pas mal non plus...

> *Il se penche pour l'embrasser quand Gisèle passe la tête par la porte.*

Scène 9

GISÈLE, ROSINE, LOUIS, CLOVIS

GISÈLE - On peut entrer ?

ROSINE *(lissant sa robe)* - Faites comme chez vous !

Gisèle et Louis entrent.

LOUIS - Désolé ! Y a pas moyen de la tenir longtemps !

CLOVIS - Vous êtes les grands-parents les plus… comment dirais-je…

LOUIS - Te fatigue pas mon gars, on est pas les grands-parents de Léa.

CLOVIS *(surpris)* - Mais alors, qui êtes-vous ?

ROSINE - Ce sont des extras, comme moi !

CLOVIS - Il y a des choses qui m'échappent. Peut-être pourras-tu m'expliquer…

ROSINE - Je t'expliquerai, c'est promis, mais pas maintenant !

CLOVIS - Si nous partions tous les deux ? *(Il lui prend la main et l'entraîne vers la porte d'entrée.)*

ROSINE - D'accord ! Mais avant… *(Elle griffonne quelques mots sur une feuille prise sur le vaisselier et va en cuisine pour en ressortir aussitôt.)* Voilà ! *(Puis embrassant Gisèle.)* Dès que mon resto sera ouvert, je veux que vous veniez y manger tous les jours !

LOUIS - Et comment qu'y va s'app'ler ton resto ?

ROSINE - « La providence » !

Louis - C'est un bien joli nom ! *(Il la prend dans ses bras et l'embrasse.)* Prends soin de toi.

Clovis - Vous inquiétez pas ! C'est moi qui vais prendre soin d'elle !

Rosine et Clovis sortent.

Gisèle *(après un silence)* - Eh ben ! Pour c'qui était d'arranger l'coup ! Tu l'as drôlement bien arrangé !

Louis - Ouais ! Bon ! Ça va, ça va ! J'pouvais pas prévoir que le gamin serait du goût de la p'tite Rosine.

Gisèle - Qu'est-ce que tu crois qui va s'passer maintenant ?

La porte d'entrée s'ouvre, Joseph entre.

Scène 10

Louis, Joseph, Geneviève, Léa, Gisèle

Louis - On va pas tarder à l'savoir !

Joseph *(d'un ton las en enlevant son manteau)* - Vous êtes toujours là ? *(Il pose son manteau sur le dossier d'un fauteuil.)*

Louis - Faut pas vous en faire ! On a bien réfléchi et on s'est dit qu'on allait pas rester.

Joseph *(soulagé)* - Ah ! merci !

Louis - Vous avez retrouvé votre fille ?

Joseph - Oui, elle s'était réfugiée chez une amie. Je ne comprends pas son attitude. Elle n'a jamais été facile, mais là… *(Se tournant vers la porte d'entrée.)* Que font-elles? Je croyais qu'elles me suivaient! *(Il sort. Off.)* Il y a un problème?

Voix off de Geneviève - C'est Léa!

La porte s'ouvre, maintenue ouverte par Joseph. Geneviève entre.

Geneviève *(se dirigeant au milieu de la pièce sans enlever son manteau)* - Elle est persuadée d'avoir vu Clovis.

Léa entre à son tour.

Léa *(enlevant elle aussi son manteau qu'elle accroche au portemanteau)* - Puisque je te dis que c'était lui!

Geneviève - La voiture est passée tellement vite… Tu n'as fait qu'apercevoir cet homme. De plus, il m'a semblé qu'il y avait une femme près de lui.

Léa - Je n'ai pas eu le temps de voir. J'ai surtout reconnu la voiture. *(Voyant Gisèle et Louis.)* Vous êtes encore là, vous?

Louis - Ça devient une rengaine à la longue.

Joseph - Ils vont s'en aller, ma chérie, c'est promis! N'est-ce pas mes amis?

Gisèle *(à Louis)* - J'suis pas sûre qu'on va rester longtemps ses amis!

Louis - Laisse tomber, Gigi! *(S'adressant à Léa.)* Vous en faites pas, on va pas rester. Le temps de remballer nos affaires et on est partis.

Geneviève - Je vais voir où en est Rosine. *(Elle se précipite dans la cuisine.)*

Gisèle - Oh! oh! Va y avoir de l'action!

Geneviève revient, une lettre à la main. Tel un automate, elle va s'asseoir.

Léa *(inquiète)* - Maman, que se passe-t-il?

Geneviève - Il y a que Rosine est partie.

Léa - Quoi? Elle ne peut pas me faire ça!

Geneviève *(après avoir lu)* - Elle dit dans sa lettre de ne pas lui en vouloir, que la vie nous réserve parfois des surprises mais qu'elle a quand même préparé le repas.

Léa - Tu vois ce que ça donne! Toi et ta manie de faire confiance à n'importe qui... *(Se tournant brusquement vers Gisèle.)* Vous, vous servirez le dîner! *(Puis, à Louis.)* Et vous, vous ferez le majordome!

Louis *(doucereux)* - J'ai peur d'être obligé de refuser votre si gentille demande.

Gisèle *(ne voulant pas être en reste)* - Moi aussi!

Léa - Ah! mais si! C'est de votre faute si l'autre est partie!

Joseph - Chérie, je t'en prie! Ce n'est certainement pas de leur faute. Va te faire belle pour recevoir nos invités. Pendant ce temps, je vais tout arranger.

Léa *(d'une voix éteinte)* - D'accord. *(Elle sort côté couloir.)*

Geneviève *(restée assise à lire la lettre)* - « La vie nous réserve parfois des surprises. » Je ne comprends pas ce qu'elle a voulu dire.

Gisèle - C'est tout bête... *(Elle est interrompue par Louis qui lui donne un coup de coude dans les côtes.)*

Geneviève *(soupçonneuse, elle les observe tour à tour)* - Vous nous cachez quelque chose ! Que vous a dit Rosine ? Pourquoi est-elle partie ?

Joseph - N'ayez pas peur ! Au point où nous en sommes, plus rien ne peut nous surprendre.

Gisèle - C'est pas sûr !

Léa revient avec les vêtements de Gisèle et Louis.

Léa - J'ai trouvé ça dans ma chambre. *(Avec autorité, elle met les vêtements dans les bras de Gisèle. Elle fait demi-tour.)*

Gisèle *(tout en posant les vêtements sur un fauteuil)* - Je crois que vous allez avoir des petits problèmes.

Léa *(s'arrêtant brusquement)* - Pardon ?

Louis - Ce que Gigi essaie de dire, c'est que vous devriez vous asseoir, on a des choses à vous annoncer.

Léa s'assoit. Sa mère, près d'elle, lui pose une main sur l'épaule. Elles sont inquiètes toutes les deux.

Gisèle - T'es fort mon Loulou ! J'savais même pas que c'était ça que j'voulais dire !

Joseph *(exaspéré)* - Plutôt que de tourner autour du pot, si vous en veniez au fait ?

Louis - Mme Bareuil est venue !

Gisèle - Et repartie fâchée !

Louis *(réprobateur)* - Gigi !

Gisèle - Ben, quoi ? C'est vrai !

Léa *(se levant brusquement)* - Fâchée ? Que lui avez-vous dit ?

Louis - Rien de particulier !

Gisèle - De toute façon, c'est pas ça le plus important !

Geneviève *(attrapant la main de sa fille)* - Mon dieu !

Joseph *(s'énervant)* - Alors ! Quoi ? Mais, parlez, bon sang !

Louis - Clovis vient de partir !

Léa - Quoi ?

Léa et Geneviève se précipitent vers la porte d'entrée.

Gisèle - Il est parti avec Rosine.

Léa - A… avec cette… Oh ! mon dieu ! *(Elle se précipite dehors.)*

Geneviève *(s'adressant à Joseph)* - Ne reste pas planté là ! Viens !

Prenant son manteau et attrapant celui de sa fille au passage, Geneviève sort rapidement la rejoindre suivie de Joseph, laissant Gisèle et Louis.

Scène 11

Gisèle, Louis

Gisèle *(après un très long silence)* - Bon, ben qu'est-ce qu'on fait maintenant ?

Louis *(avant de répondre, sort à son tour pour revenir aussitôt)* - J'ai comme l'impression qu'on est pas près de les revoir avant longtemps.

Gisèle - Qu'est-ce qu'on fait ?

Louis *(regardant la table)* - T'as pas faim, toi ?

Gisèle - Ça commence !

Louis - Eh ben ! Qu'est-ce qu'on attend pour s'mettre à table ?

Gisèle - T'as raison. Va chercher la bouffe, moi je « dresse le couvert » !

Louis - C'est comme si c'était fait !

> *Il sort côté cuisine. Pendant ce temps, Gisèle sort assiettes, verres et couverts du vaisselier. Très vite, la table est prête et Gisèle assise. Louis revient avec un plat.*

Louis - Et voilà ! Côtelettes d'agneau aux asperges et haricots verts ! *(Il pose le plat sur la table.)* Bouge pas, je reviens ! *(Il disparaît dans la cuisine.)*

Gisèle *(rapprochant le plat vers elle)* - Hum !... Ça sent rudement bon ! C'est vrai que la p'tite Rosine est un vrai cordon bleu !

Louis *(revenant une bouteille et un tire-bouchon dans les mains)* - Attends que je te l'ouvre. *(Il ouvre la bouteille et sent le bouchon.)* Tu vas m'en dire des nouvelles !

Gisèle *(impatiente en tendant son verre)* - Fais pas tant de chichis et sers-moi un coup !

Louis *(versant du vin dans son verre)* - T'as vraiment pas d'classe ma pauv'Gigi !

Gisèle - Sers-toi donc un verre et assieds-toi, au lieu de dire des bêtises !

Louis *(en s'asseyant)* - T'as raison !… Allez ! Trinquons !

Gisèle *(levant son verre)* - A nos « zôtes » !

Louis - A eux et à Rosine pour ce repas !

Gisèle - Ouais !

Ils boivent une gorgée.

Louis *(dans un soupir de béatitude)* - Ça va être un dîner bien tranquille !

Gisèle *(hochant la tête, ravie)* - Mmm… tu l'as dit mon Loulou !

FIN

AVIS IMPORTANT

Cette pièce de théâtre fait partie du répertoire de la Société des Auteurs et Compositeurs Dramatiques, 11 bis rue Ballu 75442 PARIS Cedex 09. Tél. : 01 40 23 44 44. Elle ne peut donc être jouée sans l'autorisation de cette société.

Nous conseillons d'en faire la demande avant de commencer les répétitions.

ATTENTION

Aux termes du Code de la propriété intellectuelle, toute reproduction ou représentation, intégrale ou partielle de la présente publication, faite par quelque procédé que ce soit (reprographie, microfilmage, scannérisation, numérisation...) sans le consentement de l'éditeur est illicite (article L. 122-4 du Code de la propriété intellectuelle) et constitue une contrefaçon sanctionnée par les articles L. 335-2 et suivants du même Code.

3e trimestre 2005
Première édition, dépôt légal : juillet 2005
N° d'édition : 200536
ISBN : 2-84422-473-3